优粮传统
节约粮食少年行

王秀丽　著

首批全国优秀出版社　　农村读物出版社　中国农业出版社

图书在版编目（CIP）数据

优"粮"传统　节约粮食少年行 / 王秀丽著. —北京：农村读物出版社, 2024.9

ISBN 978-7-5048-5839-9

Ⅰ.①优… Ⅱ.①王… Ⅲ.①节粮－中国－青少年读物 Ⅳ.①F326.11-49

中国国家版本馆CIP数据核字（2023）第039781号

优"粮"传统　节约粮食少年行

YOU "LIANG" CHUANTONG　JIEYUE LIANGSHI SHAONIAN XING

农村读物出版社
中国农业出版社 出版

地址：北京市朝阳区麦子店街18号楼
邮编：100125
责任编辑：李　梅
版式设计：水长流文化　　责任校对：吴丽婷
印刷：北京缤索印刷有限公司
版次：2024年9月第1版
印次：2024年9月北京第1次印刷
发行：新华书店北京发行所
开本：889mm×1194mm　1/20
印张：$5\frac{1}{5}$
字数：65千字
定价：35.00元

不浪费才是真潮流

民以食为天。食物是我们的能量来源，但我们却极少会想到、谈论它们。因为食物既平常又易得，其重要程度往往被忽略。事实上，在人类历史的绝大多数时间里，人们要花费很多的时间和精力为食物奔波。为了得到食物，人们垦地凿渠，辛勤劳动，艰苦卓绝。为了填饱肚子，勤劳智慧的农民和科学家，付出了无数汗水和心血。

一斤粮，千滴汗。我们吃饱饭的日子不过几十年，可很多人却对浪费食物习以为常，无视的是他人的辛苦劳动，带给自己的是经济甚至健康的损失，同时也增加资源环境的负担，有百害无一利。

食物关乎国运，紧系民生，是实现国家安全、社会稳定、经济发展的"压舱石"。把"饭碗"牢牢端在自己手中，才能让我们在面对任何风险挑战时始终保持"乱云飞渡仍从容"的战略定力。如今，我们虽然不再为吃饱饭发愁，但是中国人几千年来艰苦朴素的优良传统绝对不能丢弃，居安思危的意识也丝毫不能减弱。我们更应倍加珍惜这来之不易的食物，牢记"一饭一粥，当思来处不易"，厉行节约，坚决制止浪费食物行为。

"浪费可耻，节约为荣"。米粒虽小，尤见礼义廉耻，对待食物的态度能映照出一个人的精神品行和内在修养。尊重劳动、珍惜粮食、勤俭节约是中华民族的传统美德。我们青少年一定要坚决制止餐饮浪费行为，杜绝粮食浪费，切实培养节约的好习惯。让我们从我做起，在日常生活中做爱粮节粮的宣传者、示范者、践行者、倡导者、小先锋，引领"节约不是小气，不浪费才是真潮流"的社会新"食尚"。

目录

触目惊心的餐食浪费现象

食物是怎样被浪费的

三

我们为什么不能浪费食物

四

为了减少浪费，人们想出很多办法

五

节约粮食，少年是先锋

触目惊心的
餐食浪费现象

或许你认为吃饭时挑三拣四，因为不好吃扔掉一些食物无关紧要；或许你认为吃自助餐时拿很多食物，吃不完剩下了，这对自己并没有什么损失；或许你认为请客吃饭就应该摆阔气、讲排场，剩下一桌子饭菜无伤大雅甚至挺有面子。然而，这些看似是舌尖上、餐桌上的小事，实则是关系国计民生、千家万户的大事。我国人口基数大、数量多，如果每人浪费一点，最终就会汇聚成巨大的、数量惊人的浪费。同时，餐食浪费产生的巨量厨余垃圾，又会造成严重的生态环境污染。

1 全世界食物浪费数量惊人

食物浪费极其严重。联合国粮食及农业组织（FAO）经过测算得出结论，有三分之一适合食用的食物，最终被扔进了垃圾桶。著名的荷兰经济学家莫妮卡·范登·博斯·维尔玛领导的研究小组认为，这个数字还是偏保守了，他们的评估结果表明，在全球范围内，最终被浪费的食物数量是联合国粮食及农业组织测算数量的两倍。而且消费者拥有的财富与被其扔掉的食物数量之间呈正相关，即越富裕的人群及地区，食物浪费得越多。

2 我国的食物浪费现象同样触目惊心

老祖宗说：家有万担，不扔剩饭。这是中华民族朴实的生存智慧。

中国人口众多，吃饭问题从来都是头等大事。我国的食物浪费现象虽然没有一些发达国家那么严重，但也相当"触目惊心"。据保守估计，我国每年浪费掉的食物占总量的10%，约为500亿千克，这些浪费掉的食物，可以养活近1.25亿人。

3 每个人一生浪费的食物超过5吨

有时饭菜不合你的口味，有时盛取或买的食物过多，有时是因为不小心或者不在意，你的餐盘、饭碗里，总会留下剩食，你甚至对此习以为常。

如果按一个人有80年寿命来推算（2021年中国人的平均寿命是77.3岁），每天吃三顿饭，人的一生会吃87600顿饭。根据2021年中国食物浪费指数报告中的数据，中国人均每餐食物浪费量58.45克计算，人均一年浪费食物64千克，如果我们的寿命是80岁，那么我们一生浪费的粮食将达5吨以上。

如果你的体重是50千克，每餐你都不经意地浪费粮食，那80年后，你就浪费了100个你那么重的粮食。想一想，这是不是很令人震惊！

我是你浪费的食物，有100个你这么重！

4 校园食物浪费现象有多严重

《中国城市餐饮食物浪费报告》中显示，2015年，中小学校园餐的人均每餐食物浪费量达到130克，高于餐饮业平均水平。仅某大型城市，每年中小学校园餐食浪费总量约为7780吨。

不仅大城市中小学生如此，为改善农村学生营养状况，提高学生健康水平而实施的"学生营养餐改善计划"，其遭遇的浪费情况更严重。调研发现，"学生营养餐改善计划"实施中，平均每人每餐的浪费量高达216克，占营养餐供应量的1/3。

与中小学生的餐食浪费相比，大学生的食物浪费情况更加严重。中国青年网关于大学生食物浪费的调查数据显示，70%的大学生在食堂就餐时浪费过食物。北京市大学生餐后倒掉的饭菜总量约为购买饭菜总量的1/3，即两个大学生浪费掉的食物可以再养活一个同等食量的人。按2020年全国大学生在校人数4183万人计算，大学生每年浪费的食物，可以养活约2000万人。

每个人、每顿饭浪费一点，积累起来，其数量超乎想象。所以，我们每个人都应时刻自省，在食物浪费这件事情上，做到"勿以恶小而为之"，从小养成珍惜食物的习惯，杜绝浪费。

5 家里食物过度囤积造成的浪费

我们都曾跟父母去过菜市场、超市，将蔬果、粮食大包小包买回家。殊不知，买回家"没吃掉"而被扔掉的食物总量巨大。

联合国进行的一项研究结果显示，2019年，在消费者层面，人均121千克食物被浪费。其中，家庭浪费十分严重，家庭人均食物浪费量为74千克，占消费端浪费的61%。除了容易放坏的食物外，不常用的调料、因冲动购买的零食等也十分容易被浪费。

由于食物过度囤积，在家里放坏的食物、因过期而被丢掉的食物都很多。许多时候，我们购买食物没有计划清单，看到市场上那么多花花绿绿的食物，都想尝尝，或者遇到打折、买赠等促销活动，冲动地随机买了不少食物。但回家后便将食物"请"进冰箱，过一段时间拿出来才发现不新鲜了、坏了、过期了，食物最终被"请"进垃圾桶——整个的茄子、莴苣，整块豆腐等食材，甚至连包装都没有拆开的零食、整袋的牛奶，就被扔掉了。在外面就餐后打包回来的剩菜剩饭，往往也是连包装盒一起，先放入冰箱，再原封不动地丢掉。

亚利桑那州立大学的人类学学者在研究家庭垃圾的时候发现，人们经常会大量购买单一的食物，这大多是由于图便宜买促销商品或者"家庭装"造成的，结果却总是高估了自己的食量，食物吃不完就扔进垃圾箱。

6 宴席上的食物浪费

　　虾、鱼、蟹没吃完，猪肘子没动筷，清蒸鲈鱼只吃了几口，果盘剩下一半，还有梅菜扣肉、米饭……一场宴席结束后，桌上满是剩菜剩饭，同学们，这种情形你是不是也遇到过？

　　2018年的中国城市餐饮食物浪费报告指出，我国餐饮业人均食物浪费量为每人每餐93克，大型聚会浪费率高达38%，是消费端食物浪费的"重灾区"，特别是婚宴、寿宴等，浪费更是惊人。新华社报道，大型宴席的浪费率可达50%，有的甚至更高。

　　爱面子、讲排场是餐饮场所浪费的主要原因。请客吃饭时，请客的人爱面子、讲排场，因此点餐时本着宁多勿少的原则，通常会多点些饭菜，以彰显自己的大方和阔绰。在宴席上，主人点餐时更喜欢点鸡、鸭、鱼、肉等"硬菜"，似乎认为硬菜多才显得更有诚意、更有面子。但如今人们生活质量明显提升，对大鱼大肉兴趣寥寥，反而更喜欢清淡可口的美食。这种主人的初衷与客人需求的错位，是造成宴会上食物浪费严重的原因之一。

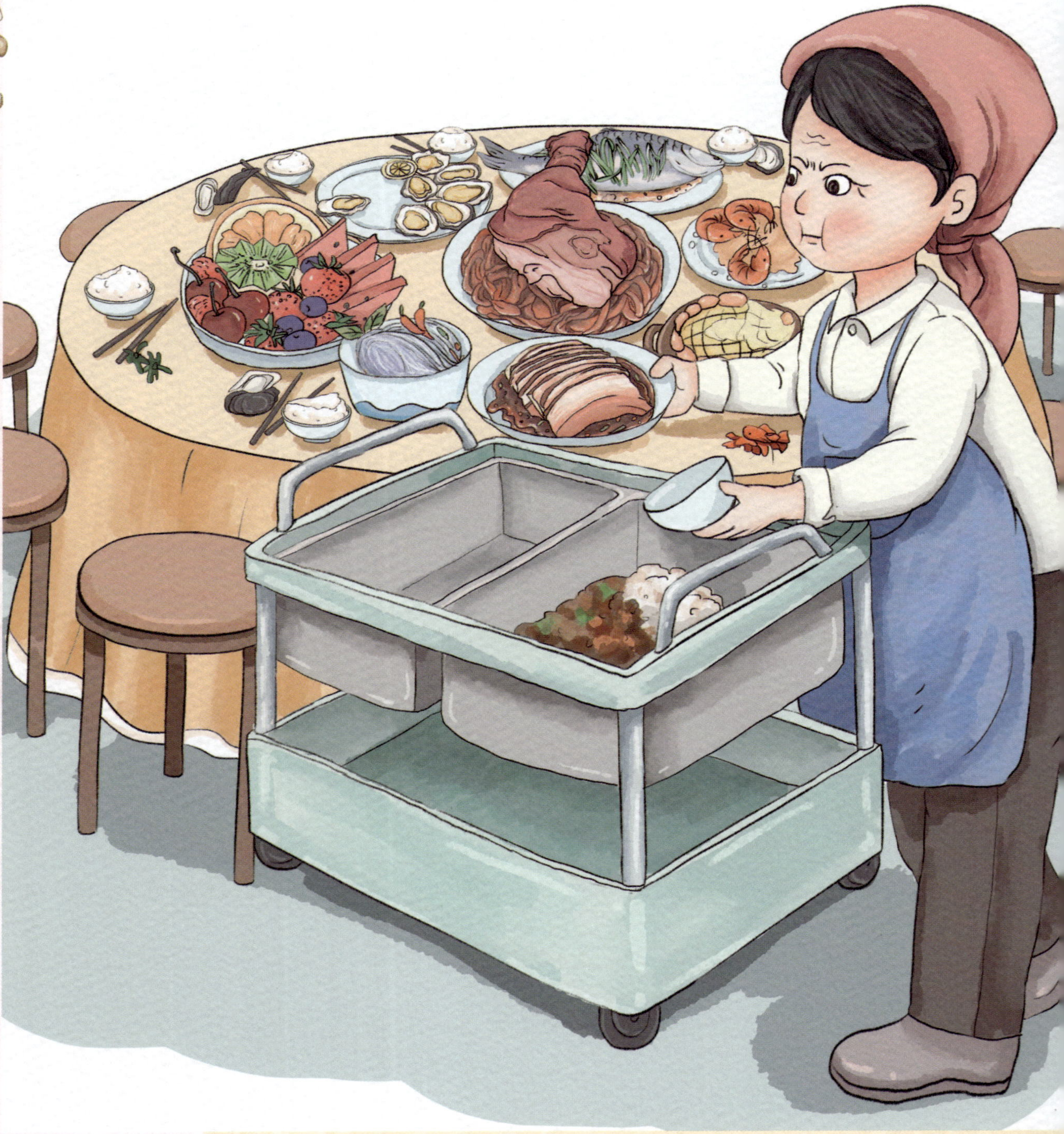

7 餐饮服务行业的食物浪费

2019年，全球估计共有9.31亿吨食物被浪费（《粮食浪费指数报告》，联合国环境规划署发布），其中，餐饮服务行业的食物浪费占26%。

为保证菜单上的菜都有供应，餐馆需要提前准备大量、多种类的食材。但凡客流量减少，就会出现原材料无法正常消耗而被浪费的情况。餐馆的菜单越丰富，浪费的可能性就越大。另外，快餐店常用的促销手段——加1元升级超大杯可乐和薯条等，也会让消费者因吃不完而浪费大量的餐食。

8 航空餐食浪费量惊人

国际航空运输协会的统计表明，2019年，航空公司食物浪费量高达570万吨，这可不是一个小数字。《中国居民膳食指南（2022）》推荐食物摄入量是每人每天1～2千克，如按每人每天1千

克计算，570万吨食物大约可以让1.56万人吃一年。

飞机上为什么会有那么惊人的食物浪费量？

根据《航空食品安全规范》，航空餐的保质期是以小时计算的。从制作完毕到旅客食用，热食不得超过36小时，冷餐不得超过24小时，一个航班执飞完毕后，没发完的餐食就要被销毁。同时，为了满足临时购票乘客的需求，机上配餐都有备份，备份的餐点多被浪费了。此外，旅客有时上飞机就准备休息，不想被用餐打扰，因而没有被旅客食用的餐点会被处理掉。餐食有时不合旅客口味，因此被丢弃的部分，也会形成浪费。

9 凑单省钱不成反倒浪费

为了凑单造成浪费的情况也非常普遍。大多数商家都曾利用"满减优惠"这一招来促销商品。比如，某餐馆推出"满50减10""满100减25""满150减50"的外卖优惠活动，点餐越多，相应的减免也就越大，让消费者误以为点得越多，能占到的便宜就越大。

　　事实上，很多时候我们都因此而多点了餐食，比如点70多元的菜，就已经足够吃了，但是因为看到花满100元可以减免更多，价格会更便宜，于是又多点了一些。但多点的食物，吃不完只能扔掉。

　　大家司空见惯的"包邮起点""起送金额"也是同样的道理。外卖平台通常都有起送费，有时候特别想吃一道菜，但是单点又达不到起送标准，所以不得不多点一些其他餐食凑单，为凑满起送费而多点的食物吃不完，便会造成浪费。

　　这种优惠的"满减"看似更实惠，实际上不仅价格没有优惠，反而造成了更大程度的食物浪费。

10 这些食物浪费恶习，你有吗

× 吃包子、饺子时只吃馅，不吃皮，或者相反。

× 吃鸡蛋时，只吃蛋清扔掉蛋黄，或者相反。

× 过生日时的生日蛋糕，吃不完，就用来打仗、糊脸或扔掉。

× 吃自助餐时，为了回本，哪怕吃不下了还要取更多。

× 去饭店吃饭，总要把自己喜欢吃的菜都点上，剩下了却不打包，或者打包回家也不吃，最终扔掉。

× 帮妈妈做饭择菜时扔掉太多，淘米时随水倒掉一些米粒等，把能吃的食材变成厨余垃圾。

× 吃水果时只吃好吃的部分，把厚厚的果肉留在皮或核上就扔掉。

× 接受别人赠送的食物，但自己又吃不了，就扔掉。

× 买的食物太多没能及时吃完，放到过保质期或者不新鲜了，就扔掉。

× 吃饭时只吃合口味的，不喜欢吃的就剩下或倒掉。

× 如果你有以上任何一条，都该反省一下，改正，杜绝任何浪费食物的行为。

蔬果区 ←

酒水区 →

二

食物是怎样被浪费的

在我们的日常生活中，食物损失现象无处不在，田间被遗落的麦穗，挂在树梢被鸟儿吃掉一半的苹果，仓库里变质的粮食，餐盘里没有吃完的鱼肉和鸡肉，掉落地上的馒头、面包，饭店里没打包带走的剩饭剩菜，放置过期被扔进垃圾桶里的食材……这些都是我们见惯不惊的食物损失现象。

1 什么是食物损失

从农田到餐桌的每个环节，都在发生食物损失。

食物损失包括食物损耗和食物浪费。食物损耗是指食物在种养、储运、加工、流通等环节中，因为技术、设备等因素造成的损失；食物浪费是由于人们缺乏节约意识，因不合理的消费目的和行为造成的本可以避免的一类食物损失。

2 每年损失的食物有多少

人类巨量的食物损耗，真是让人大跌眼镜！全世界每年损失的食物有13亿吨，大约相当于全年食物总产量的1/3。这么多食物，足够装满220万节每节长度为15.5米的标准火车车厢，这些火车车厢排成一长队，总长度是赤道长度的8.5倍——即装满一年损失的食物的火车可以绕赤道8圈儿半。

其中，食物损耗占总食物损失的45.16%，食物浪费占比更高，达到54.84%。按小康生活水平，人均每年需400千克粮食计算，全世界每年损失的食物量相当于325万人一年的口粮，因食物损失导致的经济损失约4000亿美元（约合人民币28000亿元）。

3 我们是怎么损失这么多食物的

有人用9块饼干形象地说明了食物是怎么被损耗和浪费的。

离开原产地前损耗1块饼干

如果把全世界生产的食物总量比作9块饼干，那么在食物离开原产地前就会损耗1块饼干。被洪水淹没的粮食，卖不掉而烂在地里的蔬菜，渔民打捞上来，但因为没有保鲜设备而扔掉的水产品等，都是离开原产地前就损耗掉的食物。

因颜值不高浪费2块饼干

由于一些人以"色"选物，有2块饼干因为"丑"被直接丢进垃圾桶而被浪费。有的人嫌弃食物长得颜色不好看、形状不规整，比如我们常说的"歪瓜裂枣"；有的人不吃本可以食用的食物的某些部位，比如面包皮、动物内脏等。由于人们喜欢购买长得秀色可餐、让人有食欲的食物，市场提前就会进行"食物选美"，只有胜出的才有机会出现在货架上，实现食物的价值。

到此为止，我们已经损失掉1/3的食物了。

转化为肉类和乳类消耗2块饼干

因为我们要吃肉、喝奶和食用乳制品，用3块饼干代表用于饲养牲畜的食物，这3块饼干中，有2块变成了牲畜所需的能量和粪便，只有1块转化为可供人们食用的肉类和乳类（含乳制品）等动物性食物。

这一波操作下来，9块饼干就只剩下4块饼干了。

4 什么是食物浪费

　　食物浪费是食物损失的一种形式，与我们日常的消费、饮食关系更加密切，同学们甚至可以自己归纳出什么是食物浪费。

　　食物浪费是指在超市、专卖店、农贸市场等我们购买食物的场所，以及家庭、食堂、饭店等我们烹制食物和食用食物的场所，那些未被食用而造成的食物损失现象。

5 食物的7种浪费类型

　　根据食物浪费的原因，可以将这些食物浪费的行为分为7种类型。

损失型浪费

　　指因生产加工过程中的食物损失，导致食物未被利用，如由于机械的问题导致收割或加工过程中的破碎、收割不净等造成的浪费。

丢失型浪费

指食物在生产加工过程中被丢失，导致未被利用，如田间的庄稼未收割，或被遗落丢弃等造成的浪费。

变质型浪费

指生产加工过程中食物变质，导致食物未被利用造成的浪费。

以上三种类型的食物浪费主要发生在食物生产环节。

奢侈型浪费

指食物利用过程中，因铺张导致食物未被利用造成的浪费。

时效型浪费

指时效标准不当导致食物未被利用造成的浪费。食物质量的衰减有一个时间过程，刚刚进入质量衰减期的食物，并非马上就不能食用，如果当即销毁，既浪费资源，又浪费人力物力。

商业竞争型浪费

指由于恶性商业竞争，导致食物未被人类利用造成的浪费。最有代表性的商业竞争型浪费是1933年美国的牛奶倾倒事件，当时美国处于经济大萧条时期，经济的崩溃导致牛奶价格急剧下降，奶农为了争取定价权而把牛奶整桶整桶地倒掉。

摄入过多型浪费

指摄入食物的量和营养超过身体所需造成的食物浪费。这种行为既浪费食物，又使浪费者的身体出现健康问题，使他们"收获"一些消化系统、心脑血管系统等疾病，并耗费医疗资源。

后四种类型的食物浪费主要存在于食物流通（售卖）和消费环节。

6 蔬菜和谷薯类等食物是被浪费的主要类别

在我国，不同种类的食物被浪费的概率不同。

从浪费的食物结构来看，蔬菜类人均浪费量最高，约为每餐每人27克，占总浪费量的29%；占浪费量第二位的为主食，约为每餐每人23克，占浪费总量的25%，其中米饭和面食浪费量较高；肉食类人均浪费量约为每餐每人16克，位居浪费量第三位，其中以猪肉（8%）和禽肉（6%）浪费为主。

不同人群食物浪费的种类和结构也不一样。就大学生而言，面食浪费量为每餐每人43.03克，米制品浪费量为每餐每人33.99克，豆制品浪费量为每餐每人16.25克，蔬菜浪费量为每餐每人31.07克。食物浪费重量最多的分别为面食、米制品和蔬菜；浪费比例最大的分别为蔬菜、米制品和豆制品。在中小学生中，食物浪费量最少的是米饭，而最不受欢迎的是白菜。蔬菜浪费占总食物浪费量的30%；肉类和汤水分别占15%和10%。

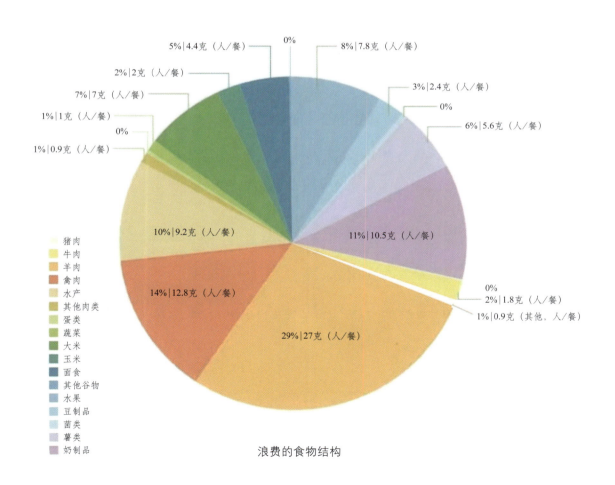

浪费的食物结构

7 摄入过多也是一种浪费

　　"摄入过多型浪费"是经常被人们忽视的一种浪费。这种类型的浪费不仅涉及食物的损耗，还威胁人们的身体健康，增加医疗资源的消耗，应该引起高度重视，尤其是中小学生群体，更要树立正确的饮食观，注意营养均衡、膳食合理，为一生打下良好的身体基础。

　　从健康的角度来讲，高血糖、高血压、高血脂等"高"字头疾病的发生，多是因为人体所摄入的食物量和营养量长期超过了机体所需，从而引发的疾病。我们都知道，健康和饮食息息相关，但因吃太多进而影响身体健康这一点，却往往被人们忽视。实际上，吃太多对健康造成的伤害不亚于营养不良。吃太多会加快人体衰老，造成肥胖，还会影响心脏功能，加重肠胃和肾脏负担，甚至会增加患癌症的概率。

8 食物因"长得丑"而被遗弃

全球每年浪费的大约13亿吨食物中，有相当一部分仅仅是因为"长得丑"而遭到遗弃。这些食物因为形状、大小和颜色等方面偏离了正常的标准而最终被浪费。

全球每年生产出的蔬菜和水果中有20%～40%被丢弃。它们有的是长成心形或其他不规则形状的土豆，有的是"大腿"分叉的胡萝卜，有的是有"痣""皱脸"的番茄，有的是形状奇特的苹果、梨子……垃圾桶成了这些蔬果的"归宿"。还有一些因为个头过大或过小，颜色"不正常"等原因，被抛弃在田间地头、批发市场，最后腐烂变质。

35

其他有害物

三

我们为什么
不能浪费食物

我们浪费的，不仅仅是看得见的、被扔掉的食物，还有看不见的能源、劳动和金钱。而这背后还有一系列糟糕的连锁反应，如温室气体过度排放、污染等一系列环境问题——生产和运输粮食，以及任由粮食腐烂的过程中，都会释放不少温室气体。与此同时，畜牧养殖排放的温室气体量也在不断上升。食物浪费也因此成为世界十大温室气体来源之一。

1 如果你扔掉一个汉堡

在你的认知里，浪费食物，会有什么样的后果？扔掉一个汉堡，真的只是浪费十几块钱吗？

日常生活中，我们浪费了一个汉堡，从表面上看，损失的是买汉堡的钱和没能享用的美味。但从资源的角度来看，浪费一个汉堡，等同于浪费制成汉堡过程中的所有原料以及所有资源，包括两片面包（种植小麦到加工成面包）、一块肉饼（畜牧养殖到加工成肉饼）、几片蔬菜（同前）、一勺酱料等，还有从原料生产到加工制作完成一个汉堡所需要的一切资源。

在所有这些消耗掉的资源中，仅水资源的消耗量就达约2400升，足以装满16个浴缸。也就是说，扔掉1个汉堡，等于浪费了约2400升水。其中，仅那一块肉饼，就需耗费约2200升水。

生产肉类食物所需的水资源量远高于生产植物类食物。除了消耗水资源多，生产肉类食物也消耗了耕地资源。简单地说，饲养牲畜需要谷物，种植谷物需要消耗水资源，谷物和牲畜的生长都需要占用耕地，因此说，浪费食物就意味着浪费耕地。

当你了解到更多食物与资源、环境的关联后，你一定会主动地珍惜食物，减少浪费，适量点餐，打包剩食，做一个节约能源、抑制气候恶化的行动者，把"减少食物浪费"落实在行动上，而不是在口头上"老生常谈"。

2 谁知盘中餐，粒粒皆辛苦

食物浪费行为，本质上是对人们劳动成果的践踏。

数据显示，即使忽略食物供应链的其他环节，我国仅因不良的食物消费习惯，就造成每年损失65亿千克以上口粮，粗略计算，每年每人浪费5千克以上的粮食。餐桌上被随意丢弃的食物，颗颗粒粒的得来，都是数月的辛勤劳动和不计其数的人工成本投入。

种粮投入的时间和工时

从植物生长周期的角度来看，谷类作物中，水稻、小麦的生长周期为7~8个月，小麦、高粱、玉米等作物生长周期约为4个月，薯类作物的生长周期为5~7个月，豆类作物中生长周期较短的，例如蚕豆的生长周期也至少4个月。

从劳动工时投入角度看，根据中国土地利用统计资料数据，水稻种植地带种植每公顷水稻和小麦所需要的人工日数分别为189.3天和146.3天，小麦种植地带种植每公顷小麦所需人工日数为124.8天。

　　如果每人每年浪费1千克粮食，一年下来，生产这些被浪费掉的粮食所消耗的劳动成本折合成人民币就是7.8亿元，按当前农民每人每年纯收入15000元计算，相当于5.2万农民一年的收入就被白白浪费了。

浪费的劳动成本推算

从劳动力成本角度来看，有学者推算，如果中国每人每年浪费1千克粮食，生产这些粮食消耗的劳动成本折合7.8亿元人民币，按每个农民工年纯收入15000元计算，相当于5.2万农民工一年的收入。此外，有粮食加工环节工人们辛苦劳作的劳动成本消耗。

米饭粒粒念汗水，不惜粮食当自悔。古诗《悯农》你我读，盘中餐苦当记住。

3 一粒米要花费多少劳动，才能到你的碗里

你知道一粒米是怎样抵达我们餐桌的吗？

想要吃到香喷喷的白米饭，必须种水稻。种植水稻之前，必须先翻耕稻田的土壤，使其变得松软，这个过程叫整地。随后，育苗、插秧、除草、除虫、施肥、灌排水，每一个环节都要投入大量的人力和物力。风调雨顺之年，等到水稻丰收，收割、筛选、脱壳、去碎米等环节一个都不能少。

孩子，我们为什么不能浪费食物

之后大米包装入库，经仓储、物流，一袋袋大米被运往市场商超，然后进入千家万户和餐饮场所，经巧手烹制，香喷喷的米饭端上餐桌，成为我们每餐主食中不可或缺的一部分。

食物生产技术的不断进步，以及连续多年的国家惠农政策支持，使中国仅用占全世界7%的耕地养活了占世界22%的人口。但是，即使在农业生产自动化、机械化程度较高的当下，一粒米从无到有再到走上我们的餐桌，依然需要经历时间的打磨、汗水的浇灌，其间有许多不可预测的因素——异常气候、虫病灾害等影响都可能对农业生产造成巨大破坏，导致粮食歉收。一粒米走上餐桌，这一路饱含了人们辛勤的汗水。

米粒虽小犹不易，莫把辛苦当儿戏。在努力发展农业生产的同时，我们更应该珍惜食物。中国人的饭碗任何时候都要牢牢端在自己手中，我们的饭碗里要装中国粮，这需要农业现代化的保障，也需要每个手捧中国粮饭碗的人尊重碗中这来之不易的劳动成果。

4 那些被浪费的食物损耗了这么多的水

农业生产是最大的"用水户"，其耗水量占全球总耗水量的80%。

资料显示，在当前技术水平下，每生产1吨小麦、玉米、水稻各需耗费1000吨、1200吨、2000吨淡水，同时还都需要占用超过0.1公顷的耕地。畜牧业和渔业也需要大量的水。联合国粮食及农业组织提供的资料显示，15%的全球耕地需要灌溉，总灌溉面积约为2.23亿公顷，需灌溉耕地总产量占农业总产量的30%～40%。

因为粮食生产的高耗水特征，所以食物浪费的背后，是大量淡水资源的浪费。

5 与食物一起被浪费的耕地资源

肉类食物生产需要的田地面积大到不可思议。比如，一块200克的牛排，需要7平方米的耕地，即每浪费一块牛排，就相当于我们浪费了一片可以出产27千克土豆的耕地。

　　耕地的过度使用正在侵蚀着农业的根本。每年可以出产几十亿吨粮食的肥沃农田因过度耕种丧失了产出能力，成为被"榨干"的贫瘠土地，无法耕种。

　　杜绝和减少肉食浪费能够帮助我们合理使用农田，赢回肥沃的耕地，以满足不断增长的粮食需求。

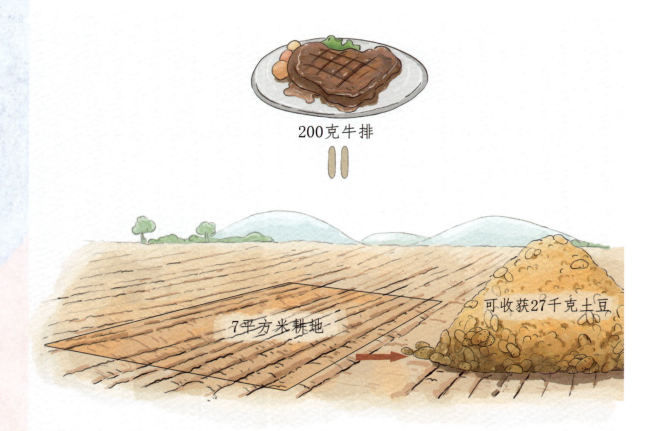

200克牛排

7平方米耕地　　可收获27千克土豆

6 浪费0.5千克粮食会造成超过1千克不必要的二氧化碳排放

食物生产好比养牛，牛吃进去的是草，挤出来的是奶，排放的是二氧化碳（CO_2）。

食物的生产不仅仅包含农业生产过程，一般还包括收获后处理、储存、加工、运输、消费和废弃食物处理等环节，且每一个环节都会造成温室气体的排放，即碳排放。其中农业生产是温室气体排放的重要来源之一，全球农业生产碳排放量占由人类活动引起的碳排放量的10%～12%。此外，食物储存、加工、运输等环节能源的消耗，丢弃食物的回收、焚烧、掩埋等都会导致碳排放。

因此，食物浪费即意味着造成大量不必要的碳排放。2013年，联合国粮食及农业组织《浪费食物碳足迹》报告显示，全球每年浪费的粮食量高达16亿吨，由此产生33亿吨的碳排放，即大约每浪费0.5千克粮食，就会多排放超过1千克的二氧化碳。

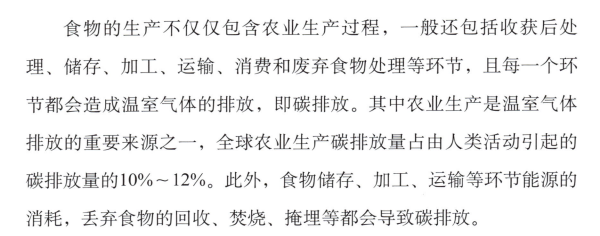

7 为什么说浪费食物也是全球气候变化的"幕后黑手"

21世纪，人类面临最重大的环境挑战，是以气候变暖为主要特征的全球气候变化，资料显示，2000年，空气中二氧化碳的含量较工业革命前增加了约31%，甲烷的含量增加了约145%。研究表明，若不实行减少温室气体排放的政策措施，到2100年，全球表面的平均温度将会上升0.9～3.5℃。

温室气体甲烷的一大主要来源，是食物浪费形成的餐余、厨余垃圾。餐余、厨余垃圾是城市固体废弃物的重要组成部分，含有大量的蛋白质、脂类和碳水化合物等物质。从其成分组成看，餐余、厨余垃圾适合生物降解，但长期以来，餐余、厨余垃圾一般被运往郊外做简单的填埋处理，在其填埋过程中会释放大量的甲烷，随着餐余、厨余垃圾的增多，其填埋过程中释放出的甲烷量已经大到了无法令人忽视的程度。

甲烷是重要的温室气体之一，其在大气中的含量远低于二氧化碳，但其对全球气候变暖的作用是二氧化碳的21倍。因而说，浪费食物也是全球气候变化的"幕后黑手"。

8 浪费食物导致气候变化，气候变化导致食物产量降低

被浪费的食物在处理过程中会产生碳排放，加剧温室效应，造成人为的气候变化，而气候变化又进一步影响着食物的产量。

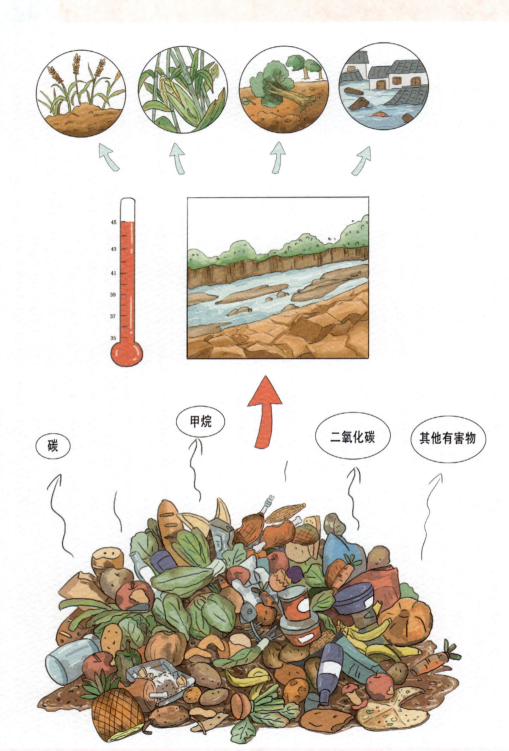

碳

甲烷

二氧化碳

其他有害物

气候变化导致作物减产

科学家观测发现，气候与作物产量之间的关联性在逐渐加强，这表明，气候变化对农作物生产的影响愈加显著。1981年至2010年，虽然农业生产水平在不断提高，但气候变化却在使粮食减产，如玉米产量下降了4.1%，小麦和大豆的全球平均产量相较工业革命前分别下降了1.8%和4.5%。

在全球范围内，进行旱地耕作的土地面积占地球陆地面积的40%以上，而这类地区的气候脆弱性更加显著。气候变化影响农作物的生长周期，增加当地干旱的风险，带来更频繁的洪水灾害，这些都会影响粮食产量，甚至造成长期的粮食减产。

气候变化影响水产品的质量、产量和牲畜饲养量

气候变化带来的海洋变暖、酸化、含氧量降低都会降低水产品的质量与产量。牲畜群的流动性、生产力也因为气候的暖干化而降低，获取饲养牲畜所需的水和饲料也越来越困难，同时，通过媒介传播的疾病和寄生虫的发病率也有所增加。如全球气温升高2℃，到2050年，全球牲畜饲养量可能下降7%～10%。

9 浪费食物会"偷走"我们食物中的营养和滋味

我们常常听到年长者的抱怨：现在的番茄不如小时候的好吃了，黄瓜也没有黄瓜味儿。其实，这与气候和环境的改变有很大的关系。气候的变化，影响着食物营养成分和风味物质的生成和积累。

尽管植物的生长离不开二氧化碳，但空气中二氧化碳含量过高会影响植物生长。例如，在原来气温较低的地区，当二氧化碳增加导致气温升高时，作物中的蛋白质、维生素、锌和铁等营养物质的含量会降低。科学家根据研究预测，二氧化碳浓度上升将导致未来30年全球粮食作物的营养价值降低，导致小麦、水稻、玉米、大豆、土豆等作物所含的蛋白质、铁、锌、维生素等人体必需营养素的含量降低。营养素摄入的不足会造成少年儿童生长迟缓，发育缓慢，甚至死亡。以上食物中营养素含量降低的同时，碳水化合物的含量还会增高，进而导致肥胖者增加，糖尿病等疾病的发病率升高。

只有确保植物在生长时从土壤中获取足够的营养素，才能保证食物收获后的营养美味。如果不及时采取措施减少食物浪费，遏制因食物浪费导致的气候变化，同学们以后可能就没有机会品尝到长者记忆中儿时的黄瓜、番茄的味道了。

10 食物浪费与生物多样性的关系

浪费食物会导致物种减少。

根据联合国的报告，生物多样性丧失的主要直接原因是：土地和海洋利用的改变、过度开发、气候变化、污染和外来入侵物种等。其中"土地和海洋利用的改变"是生物多样性丧失最大、最直接的原因。

什么是土地利用的改变

土地利用包括开垦、基础设施建设、城市扩张、采矿、道路扩建、水电大坝修建以及管线建设等。

全球森林砍伐中，用于农业生产估计占比达85%，这导致60%以上已列入濒危红皮书的动物的生存直接受到农业活动的威胁。

耶鲁大学研究显示，因人为农林业开发，导致动物自然栖息地面积缩小，未来50年内，预计886种两栖动物、434种鸟类和376种哺乳动物，共约1700个物种将面临灭绝风险。

什么是海洋利用的改变

海洋利用包括沿海挤占生境、近海水产养殖、海水养殖、底拖网捕捞等。

过度捕捞及工业捕捞方式给海洋生态系统、生物多样性带来了深远的影响，过去40多年，全球海洋物种的数量减少过半。

一些通过大肆捕杀动物和破坏它们家园获得的食物，每年却有约1/3被浪费！在全球仍有8亿人遭受饥荒威胁的情况下，多数国家政府提出增加农业生产的方案。

浪费食物最终导致生物多样性丧失

我们一边浪费食物，一边增加食物的生产，导致农业生产持续扩张以及海洋捕捞量持续增加，从而造成森林草原面积缩小、陆海栖息地遭到破坏、物种数量减少，最终导致生物多样性丧失！

这就是食物浪费与生物多样性之间的关系，这里还没有讨论食物浪费所造成的环境污染对生物多样性的进一步破坏。

减少食物浪费，这是我们每一个普通人在日常生活中就能参与且非常有效的保护生物多样性的方式。

因此，我们强烈呼吁：同学们，除了不伤害野生动植物，不使用、食用野生动植物及其制品之外，一定要珍惜食物，减少浪费！让我们一起努力，保护那些濒临灭绝的动植物的家园，避免给那里的动植物带来更多的伤害！

11 餐桌上丢弃的是白花花的银子

节俭是你一生中食之不完的美筵，节省下来多少，就是得到多少。

——艾默生

这是美国思想家、文学家艾默生的名言。随意丢弃食物造成的最直观的结果就是经济价值的损失。

餐桌上的浪费造成很大经济损失

英国2008年的一个调查表明，英国家庭用餐每年产生约830万吨的食物和饮料浪费，而这些浪费以2008年英国的物价计算，造成了约合122亿元人民币的经济损失。

有研究表明，美国每年人均家庭食物浪费量约为211千克，每个家庭的食物浪费量约占食物总量的14%，一个四口之家每年因食物浪费造成的经济损失至少达589.76美元。同时，还有数据表明，美国食物浪费造成的经济损失每年约为900亿～1000亿美元，其中每年平均家庭餐食浪费的金额达483亿美元。

根据荷兰政府部门2009年的统计，荷兰人浪费掉的食物约占购买食物总量的8%～11%，平均每人每年扔掉43～60千克的食物，年人均经济损失约为270～400欧元。

避免浪费，避免经济损失

很多学者经过研究发现，食物浪费造成的经济损失是可以避免的。例如，匈牙利人均食物浪费总量估计为每年65.49千克，其中可避免的食物浪费量占48.81%，自己烹饪膳食可以避免的食物浪费量占可避免食物浪费总量的44.74%。这说明经常自己做饭，注意控制食品的购买量和储存量，烹饪时注意食材用量，完全可以减少至少一半食物浪费带来的经济损失。

12 吃多了浪费了食物，吃垮了身体

"正如满储着食物的房子里容易住满老鼠一样，食物太多者的身体，会多疾病的。"捷克教育家夸美纽斯这样说。

我们都知道，一个人吃的食物超过身体消耗所需，就会增重，甚至肥胖。当今中小学生肥胖问题屡屡成为焦点。2019年，我国每5个儿童中就有1个体重超标。

超重不仅会加重人的身体负担，影响人的运动和心理健康，也会增加心脑血管、糖尿病等疾病的患病风险，成为较大的健康隐患。适度饮食，厉行节约，反对浪费，这不仅利于自身健康，更有利于国家的发展。

13 被浪费的那些食物，它们去哪里了

变质的农产品，完好而被丢弃的食品，以及我们吃剩下的食物，其中约94%被扔进垃圾桶，然后被运往垃圾场填埋或者焚烧。由于成本低、短期内相对比较卫生，垃圾填埋方式被广泛应用。

垃圾填埋

我国最大的垃圾填埋场是广州兴丰垃圾填埋场，每天处理7000吨左右的生活垃圾。但是，并非所有垃圾处理厂都如我们在电视上看到的那样，使用配套的高科技环保设施来处理垃圾。很多时候，垃圾都是被简单填埋，被填埋的垃圾并不能在短时间内降解，而大城市每天产生的巨量垃圾，需要很多的填埋场来满足垃圾处理的需求。

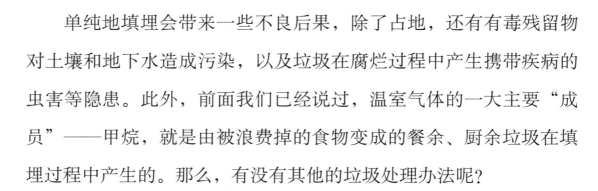
单纯地填埋会带来一些不良后果，除了占地，还有有毒残留物对土壤和地下水造成污染，以及垃圾在腐烂过程中产生携带疾病的虫害等隐患。此外，前面我们已经说过，温室气体的一大主要"成员"——甲烷，就是由被浪费掉的食物变成的餐余、厨余垃圾在填埋过程中产生的。那么，有没有其他的垃圾处理办法呢？

垃圾焚烧

垃圾的处理，焚烧往往与填埋并举。垃圾焚烧也存在一些不良后果，不完善的厨余垃圾焚烧处理会污染空气，释放致癌物质。中国人民大学发布过一份《北京市城市生活垃圾焚烧社会成本评估报告》，据相关数据推算，每年北京因垃圾焚烧可能致癌的人数为241人，而治病要花费巨额资金。

若要减少餐食垃圾填埋和焚烧带来的危害，最重要的方法，是杜绝食物浪费。

四

为了减少浪费，
人们想出很多办法

1979年11月，第20届联合国粮食及农业组织大会决定，从1981年起，把每年的10月16日（联合国粮农组织创建纪念日）定为"世界粮食日"，以敦促各国采取行动，重视农业，增加粮食生产，与饥饿和营养不良作斗争。

1 设立"世界粮食日"

　　民以食为天，为唤起全世界对发展粮食和农业生产的高度重视，1979年11月，第20届联合国粮食及农业组织（简称联合国粮农组织）大会决定从1981年起，把联合国粮农组织创建纪念日——每年的10月16日定为"世界粮食日"，以期引起人们重视全球粮食短缺问题，敦促各国采取行动，增加粮食生产，更合理地进行粮食分配，与饥饿和营养不良作斗争。2022年世界粮食日的主题是"不让任何人掉队。更好生产、更好营养、更好环境、更好生活"，2023年的主题是"水是生命之源，水是粮食之本，不让任何人掉队"。

　　世界各国政府自1981年起，在每年的10月16日围绕发展粮食和农业生产举行相关宣传活动，促使人们重视农业和粮食生产。有的国家首脑在这一天发表演讲，有的国家举行纪念会或发表纪念文章，有的国家科研机构发表粮食和农业科研成果、举办科学讨论会等。

　　由此可见，粮食对世界、对每个国家、对每个人有多么重要！

爱惜粮食　　造福人类
世界粮食日
（World Food Day）

10月16日世界粮食日这一天，各国政府都要围绕发展粮食和农业生产举行纪念活动，呼吁人们高度重视粮食和农业生产，鼓励节约，反对浪费。

2 我国颁布《中华人民共和国反食品浪费法》

2020年8月，习近平总书记对制止餐饮浪费行为作出重要指示，强调坚决制止餐饮浪费行为，切实培养节约习惯，在全社会营造浪费可耻、节约光荣的氛围。

2020年9月，全国人大常委会启动了为期一个多月的"珍惜粮食、反对浪费"专题调研，旨在加快建立法治化长效机制，为全社会确立餐饮消费、日常食物消费的基本行为准则。

2021年4月29日，第十三届全国人民代表大会常务委员会第二十八次会议通过了《中华人民共和国反食品浪费法》（以下简称《反食品浪费法》），并于颁布之日起正式施行。反对食品浪费不再仅仅是倡导和号召，而是在法律约束下，成为每个人的义务和责任。反对食品浪费、节约粮食与我们每个人息息相关。

节约粮食是美德、是素质，更是责任。同学们要从小树立节约光荣、浪费可耻的思想观念，弘扬中华民族勤俭节约的优良传统，厉行节约，反对浪费；要充分认识粮食安全的重要性，时刻绷紧节约粮食这根弦，将艰苦朴素、勤俭节约的理念内化于心、外化于行。

中华人民共和国
反食品浪费法

《中华人民共和国反食品浪费法》第一条中说："为了防止食品浪费，保障国家粮食安全，弘扬中华民族传统美德，践行社会主义核心价值观，节约资源，保护环境，促进经济社会可持续发展，根据宪法，制定本法。"

《反食品浪费法》共32条，重点内容如：

公务活动用餐不得超过规定标准；

推动开展"光盘行动"，倡导文明、健康、科学的饮食文化，增强公众反食品浪费意识；

学校应当按照规定开展国情教育，将厉行节约、反对浪费纳入教育教学内容……培养学生形成勤俭节约、珍惜粮食的习惯；

商家不得诱导误导消费者超量点餐，禁止食品生产经营者严重浪费，禁止制作发布传播暴饮暴食的视频节目等。

3 反对浪费，其他国家各有妙招

世界上越来越多的国家意识到大量食物浪费所造成的危害。韩国、新西兰、日本、意大利等国家均采取措施，力图减少食物浪费。

韩国：食物垃圾计量回收

韩国自1995年起颁布并施行"垃圾重量制"，根据丢弃的食物垃圾重量分等级收取垃圾处理费。目前，韩国食物垃圾的收集有三种主要方式：第一种是通过无线射频识别（RFID）计量回收方式，即根据居民丢弃的食物垃圾的重量精确收费（一般收取130韩元/千克）；第二种是采用计量桶加密封标签的桶装回收方式；第三种是居民自行购买重量制食物垃圾袋的方式，居民可以将食物垃圾装在这种垃圾袋中丢弃。

意大利：建立"社区反食物浪费枢纽"

意大利是著名的农业大国，也是闻名世界的美食国度，食物浪费相当严重。

2016年，意大利出台了《反食品浪费法》，号召餐厅向消费者提供食品袋，让民众养成餐后打包的好习惯。为了更高效地利用食物，逐步实现食物"零浪费"目标，意大利米兰市开启了一项节约食物的行动，名为"社区反食物浪费枢纽"，以提升居民的反浪费意识。

新西兰：改变家庭假期囤积食物的习惯

餐厨浪费每年给新西兰造成了数亿新西兰元的损失，也给垃圾处理增加了难度。为减少食物浪费，新西兰于2016年起开展了一项为期3年的"热爱食物，讨厌浪费"行动。旨在通过全国范围内的宣传教育活动，有效减少食物的浪费。

"热爱食物，讨厌浪费"行动给出了以下能够有效避免假期食物浪费的建议：

第一，提前计划好节假日的食谱，不购买太多食物。

第二，聚会结束，客人回家时，让他们带走一些吃剩下的食物。

第三，吃不了、未开封的罐头可以捐给本地的社区或者食物银行。

第四，定期清理冰箱，不重复购买相同的食材。

第五，把吃剩下的东西打包好，方便外出时携带食用。

英国：任命食物浪费专员

英国每年大约有数百万吨食物被丢弃和浪费。2018年12月31日，英国任命了首任厨余专员，任期一年，以帮助餐厅、超市和食品制造商减少食物浪费。该职位由英国环境部直接任命，表明了英国环境部对食物浪费行为的重视。英国设立厨余专员是希望遏制食物浪费现象，从源头上减少厨余垃圾的产生。

日本：改变流通惯例，打折销售临期食品

在日本，大量临期食品的"归宿"只有垃圾箱。根据日本媒体的统计数字，日本每年处理的临期食品浪费的数量，是联合国粮食援助数量的两倍。庞大的数字使得日本政府积极鼓励民众购买临期食品，并呼吁减少食物浪费。

2019年5月，日本众议院通过了《减少食物浪费促进法案》。法案要求在内阁设置"食物浪费削减推进会议"，推动"食物银行"活动。

4 节约食物，经济学家有办法

故善者因之，其次利道之，其次教诲之，其次整齐之，最下者与之争。

——《史记·货殖列传》

经济学是一门研究资源如何高效配置的学问，食物也是资源的一种。因而在节约食物的问题上，经济学家可谓"行家里手"。他们开出的"药方"往往有"四两拨千斤"的效果。

心理学中有个著名的"德勃夫错觉"，是说人们在判断物体的大小时，会受到背景的干扰。比如，同样大小的物体放在大面积背景中和放在小面积背景中，结果是看上去前者显得比后者小。如果把物体换成食物，把背景换成餐盘，小朋友们试试看，有没有同样的感觉。

受"德勃夫错觉"现象启发，经济学家们为减少食物浪费，做了很多实验。实验结果表明，当食物放在大盘子里时，人们可能会因为食物"看起来没多少"而拿得更多、剩得也更多；而换成小盘子盛取食物，人们会因为食物"看起来比较多"而拿得更少、剩得也更少。

改用小盘子，能够减少食物浪费。

5 减少浪费，航空公司这样做

为减少飞机上餐食的浪费，一些航空公司也做出了努力和尝试。

从食物种植生产源头优化食物品质，减少食物浪费

餐食好吃才能避免被剩下。飞机上餐食要好吃，优质食材不可少。使用可溯源的优质食材制作美食，既可以确保食物的品质，又能减少食物浪费和碳排放。

北欧航空公司自2017年起推出了"SAS新北欧"概念。他们决定在斯堪的纳维亚半岛当地寻找最优质的食材，如当地熏制的挪威鲑鱼、当地面粉制作的莳萝面包、当地的老字号瑞典薯片等，将它们打造成特色机上餐食。

可溯源的食材能够更好地管控品质，更强化"北欧特色"的航空餐食品牌。北欧航空"从农场到餐桌"的食物采购计划实行至今，来自可溯源农场的食材所占比例从5%增长至95%，用户反馈良好。全新的可溯源优质食材飞机餐给乘客带来快乐的用餐体验，同时减少了餐食的浪费。

定制餐满足乘客的多元需求

除了食物是否健康美味，乘客不吃机上餐食还可能是因为身体状况或乘客个性化的食物需求。

中国南方航空公司在2019年推出了"绿色飞行"模式，鼓励乘客"按需用餐"。乘客不仅可以在购票后选择不同种类的餐食，还可以选择不用餐，航班计划起飞时间6小时前成功取消航班餐食的乘客可获赠里程奖励。在实施不到一年的时间里，"绿色飞行"模式已经有效减少了39万份机上餐食的浪费。

将剩余飞机餐食回收，赠予有需要的人

香港国泰航空公司选择以捐赠的方式处理飞机剩余餐食。香港国泰航空公司与本地公益机构合作，公益机构工作人员取走飞机上剩下的密封完好、安全的食物，赠予有需要的人士。餐食厨余则转交给相关企业，部分改造成动物饲料，部分送往回收中心转换成能源，油品则回收制成生物柴油。

减少食物浪费，可将食物的价值真正"可持续"地传递下去。

6 食物选单人份、小份装可减少浪费

从设计、制作层面看，食物做成单人份、小份装，可以减少食物浪费；从选择层面看，避免"眼大肚子小"，选单人份、小份装更经济。

近年来，尽管"舌尖上的浪费"现象已经有改观，但在餐饮场所还是能看到不少剩饭剩菜被倒掉等浪费现象。一些餐饮企业通过改小食品包装、推出"一人食"套餐等行动，减少食物浪费，引导树立新型消费方式。

便利店的工作人员也注意到，一些小包装商品、小份菜更受顾客欢迎，更方便顾客购买，因而便利店在开发食品时，无论是称重后包装的麻辣小龙虾、沙拉和各种便当，还是各种封装好的自热火锅、小零食、蛋糕甜品等，都有二三百克的小包装或者在大包装里有独立分装，方便购买者分次食用。每次适量进食，能避免浪费。

7 剩余食材善加利用

著名美国作家丹·巴伯在《第三餐盘》中指出：最好的料理，应该建立在善加利用剩余食材的观念上。正如法国料理中的传统菜牛肉蔬菜锅、意大利料理中的玉米泥，以及西班牙料理中的海鲜饭等，都是尊重土地和自然的馈赠，把剩余食材变成美味食物的经典例证。

丹·巴伯也是闻名遐迩的美国米其林名厨，他创建了名为"蓝色山丘"的餐厅。这里的菜单很特别，食客盘中的菜都是所谓的"厨余"。"厨余"即厨师一般会丢弃的食物的某一部位，或厨师

一般不会选用的那些外表不美观、不对称的蔬菜，以及制作面食时剩余的切边切角等，总之是那些会被丢弃的食物"边角下料"。

善加利用剩余食材不仅避免了浪费，更体现了对土地、劳动、食材的尊重。

8 "不完美的产品计划"，拒绝浪费"貌丑"却营养味美的食材

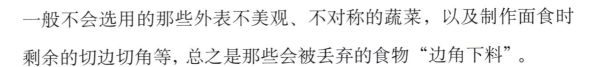

农作物经历各种自然灾害、动物撕咬等磨难终于长成，"长相完好"并且被精美包装的食物最受欢迎，而畸形蔬菜、表面磕出硬伤的水果、残缺不全的鱼虾蟹……这些因外表不完美而卖不掉的食物，只能被扔进垃圾桶而浪费掉。

这些"丑食材"，消费者不愿购买，超市和餐馆拒绝进货，很多种植者收获时就会把它们扔掉。然而，"歪瓜裂枣"的滋味、营养并不逊色，有些甚至超过"美貌"的食材。

如今，一些人逐渐意识到"以貌取食"会造成巨大的浪费，并导致环境问题，于是"不完美的产品计划"就诞生了。"歪瓜裂枣"

们重新登上超市货架和人们的餐桌，而且有了更好听的名字："破相的茄子""人偶形胡萝卜""鼓肚脐橙子"等。不仅如此，人们还做宣传海报、举办促销活动等，为这些丑食们发声——我们虽然丑一点，但营养价值不减、味道又好，价格还更便宜，为什么不来一点呢？有时候，"丑"的食物口感、滋味还会出奇的好。

同学们如果和爸爸妈妈去超市购物，你会关注那些"长相清奇"的蔬果吗？它们同样饱含阳光雨露和农民的辛勤汗水，把它们带回家吃掉吧！

9 "食物银行"与"剩食超市"

当下，食物浪费与食物不足现象并存。一批热心慈善事业的志愿者便自发组织起来，成立了"食物银行"。在他们看来，与其将这些余量食物、临期食物等白白扔掉或是耗费资金处理掉，不如将它们收集起来，免费发放给那些需要食物的人。这样既减少了浪费，又帮助了有需要的人。我国专家认为，建立"食物银行"可在一定程度上为有需要的人提供帮助，也有利于完善中国的食品安全监管体系和建设低碳节约型社会。

"拿你所需，给你所有"，这是"剩食超市"的口号，倡导只要有需要即可拿取货架上的食物，再根据自己的能力付钱；同时，顾客也能捐出过剩但仍能食用的食品，给予需要的人。"剩食超市"也接收现金捐赠，并承诺将捐款用于需要食物的人。

　　很多国家、很多机构都在竭尽全力、想尽办法杜绝浪费，同学们现在一定能感受到，不浪费食物是一件多么重要的事情！我们每一个人都应继承勤俭节约的优良传统，从生活中的点滴做起，爱惜食物，做节粮减损的好少年。

五

节约粮食，
少年是先锋

　　节约是传统美德，不浪费才是当代时尚潮流。如果每个人都厉行节约，当越来越多的人走在减少食物浪费的道路上，节约粮食、减少食物浪费将汇成一股洪流。青少年应成为节粮减损的先锋！

1 不浪费才是真潮流

　　尽管我国粮食生产连年丰收，但我们对粮食安全还是要存有危机意识，绝不能浪费粮食，应以浪费为耻、节约为荣。

　　在党和国家的高度重视下，"光盘行动""吃不了兜着走"一度成为网络热词，引起大家关注、思考和讨论，并成为时尚风靡全国，得到了广泛支持和响应。同学们一定已经发现，不剩饭、打包剩菜的人越来越多，"谁知盘中餐，粒粒皆辛苦"的宣传标语常常在校园内外与我们不期而遇。

　　节约是传统美德，不浪费才是当代时尚潮流。"人心齐，泰山移"，我们每个人厉行节约的行动，都是减少食物浪费潮流中的一股股清流，当越来越多志同道合的节粮小朋友、大朋友汇集在减少食物浪费的道路上，节约粮食、减少食物浪费将成为一股洪流。青少年应成为节粮减损行动的先锋！

不浪费才是真潮流！我们每个人都要争做减少食物浪费的小先锋和宣传员。

2 节粮公约——珍视食物从点滴做起

自我约束，监督浪费行为，我们遵守节粮公约：

 积极践行光盘行动，以节约粮食为荣，浪费粮食为耻；

积极践行光盘行动，以节约粮食为荣，浪费粮食为耻；

订餐适量，避免剩餐，减少浪费；

不偏食、不挑食，注重饮食均衡与合理搭配；

吃饭时吃多少盛多少，不扔剩饭剩菜；

餐馆用餐点菜要适量，不摆阔，不攀比，不乱点，吃不完的饭菜打包带回家；

积极倡导光盘行动，监督身边的亲人和朋友，看到浪费粮食的行为要及时制止；

做节约宣传员，向家人、亲戚、朋友宣传浪费的可怕后果；

剩米饭可以再加工熬成粥，剩面条可以炒着吃或做成面汤，绝不浪费；

买菜买粮少量多次、适量购买，吃完再买，避免浪费；

不浪费不好看的食材，物尽其用；

提醒做饭的家长，把控饭菜的数量，多做多食不健康。

3 多行一步，节粮有保障

只要我们愿意多行一步，做到以下几点，并养成习惯，节约粮食、减少浪费的目标就能逐步达成。所谓行而不辍，履践致远。

想一想。预备食材时，先要想一想，不要高估自己的饭量，切忌"眼睛大肚子小"。

找一找。做饭的时候多留意，观察食物制作过程的各个流程，找出浪费食物的关键环节，并加以改进，避免浪费。

停一停。若是在外就餐，点餐前先停一停，思考一下自己有多饿、能吃多少，酌情点餐，并尽量光盘。

量一量。对每次浪费的食材和吃剩下的食物进行称重计量，会督促我们减少浪费。有研究表明，对食堂里每个餐桌上的剩饭进行称量，能减少24%的食物浪费。

4 低价购买同款"临期食品"，减少浪费又省钱

你见过以"优惠"或"低价"为招牌的"临期食品"专柜吗？如果同学们遇到这样的优惠，请一定不要错过，你得到的不仅是与正价一样品质的食物，而且售价更低，能节省一些开支。最主要的是，你能为减少食物浪费做出贡献。

在超市里，大部分食品在保质期仅剩40%时，就会成为临期食品。这些临期食品要么被打上"打折出售"的标签低价售卖，要么被退回给供应商，成为未被食用的"垃圾"，导致食品被填埋、被堆肥，造成浪费。

购买临期食品，减少食物浪费，可以收获的好处有：

- 节约食物本身；
- 节约购买食物所花费的金钱；
- 节约生产、加工食物所消耗的自然和社会资源。

购买临期食品，是既省钱又节约的智慧之举。

5 减少食物浪费从规划购物车开始

我们往往认为食物浪费大多发生在餐桌上、厨房里，但为什么餐桌上、厨房里有多余的食物被丢弃，归根结底，是食材买多了、饭食做多了。因此，家庭的食物浪费可能是从食物被装入购物车的那一刻就开始了。

我们要在购买食物或任何东西之前，都应做好计划，只买自己需要的东西。

购物前拟定购物清单

第一，拟定一个清单，并在购物过程中严格按照清单执行。这将会帮助我们克制购物冲动，大大降低我们随心所欲购买一些吃不到、用不着的物品的可能性，也能减少在收银台超预算支付的情况。

购买食物少量多次

第二，提高购物频率，多跑几次超市，多买几次，每次只购买你现在需要的东西。我们很难预测自己下一顿饭吃什么，所以在大量采购之后，很容易造成浪费。因此，在购物时要本着"少量多次"的原则，每次只购买一餐或可预见的几餐所需要的食材。

按需购买，慎防因"优惠"而产生的浪费

第三，慎防"家庭装"和"买一赠一"的"陷阱"。购买更多数量的食品表面上看似乎更加划算，但实际上，在没有必要的情况下为了优惠的价格购买更多食品，并且最终没有吃完的话，就会造成金钱和食物的双重浪费。所以还是不要受诱惑，按需购买。

6 "吃太多"是一种浪费——拒绝"再吃点"

减少食物浪费，践行光盘行动，是为了节约粮食、减少浪费，但是为了光盘，把多余的食物都强塞到肚子里，吃到"肚儿歪"，这并不能节约粮食，而且不利于身体健康。

进食量超过身体新陈代谢和生长发育的需求量，不仅给我们的肠胃消化增加负担，而且会导致肥胖。

从营养学角度讲，"吃太多"是一种浪费，会引发肥胖和其他多种问题。吃多吃少是个人选择，多吃、暴食的饮食习惯，与吃得营养有节制的饮食习惯，同学们会选择哪个？当然选择健康的饮食习惯！

饮食营养均衡、有节制才是健康生活的首选。

7 零浪费烹饪，零食物浪费

仔细规划，发挥创意，充分利用食材的可食用部分，追求零厨余垃圾、零浪费烹饪，对于减少食物浪费同样至关重要。所以同学们可以尝试——**烹调食材的每一部分**。只要多想办法，很多原来被当作垃圾丢掉的食材都可以食用，甚至有些我们不吃的食材的某些部分往往具有特殊功效，是药食两用的食材呢！

巧用根须

食材的根须可以利用。比如玉米的须子，可用于脾气虚、湿气重者引起的水肿、小便不利、疲乏无力等症状的治疗，具有利尿、祛湿的作用；香菜的根用于烹煮食物能起到去腥解腻的作用，煮水喝能健脾开胃、醒目通气。把洗净香菜的根利用起来吧！

蔬菜粗纤维的茎部用起来

叶菜的茎也可以利用起来。有些蔬菜的茎是可以食用的，但我们往往因为食物不同部分的形状、口感或需要烹煮加工时间的不同而放弃这部分食材。比如，为了加快烹饪的速度，在烹饪羽衣甘蓝等蔬菜的叶子时，通常在切碎之前先将其粗纤维的茎（也就是菜叶上的那根比较硬的"肋骨"）去掉；凉拌大白菜时，有人会把白菜叶靠近根部的白菜帮去掉，但这些部分都是可以食用的，只需要把它们切得更细碎，都可以跟叶子一起做菜的，单独拿出来烹煮成一道菜也会有不错的味道。

摘掉的叶子也能吃

同样，茎秆类蔬菜的叶子也可以物尽其用。比如芹菜的叶子，小萝卜、白萝卜的叶子等，不仅可以凉拌、煮汤，还可以用来制作泡菜、酱菜等，为我们的餐桌增添了很多美味。

种子也别扔

种子可以巧妙利用。在烹饪南瓜时，我们往往会把南瓜的种子丢弃。实际上，把这些种子仁添加在调味汁、沙拉、烘焙食品中，不仅可以增添特别的风味，还能提升营养价值，有时候甚至还能提高品相。

蔬果皮可以吃

蔬菜和水果的皮也可以充分利用。很多水果和蔬菜在一般的加工过程中会被去皮，但事实上并不需要进行这一步，比如胡萝卜、黄瓜、土豆、苹果等。如果你还是习惯进行去皮处理，那么就尽可能地将这些皮利用起来吧！只需确保水果或蔬菜在去皮之前进行了彻底的清洗，便可以把它们进行加工利用，如把土豆皮烤成酥脆的薯片，把苹果皮脱水制成零食，或者把黄瓜皮制作成沙拉。

同学们，零浪费烹饪看似复杂，但对一个热爱生活、崇尚节约的人来说，它充满了探索和创意的乐趣。从利用食物的角度，零浪费烹饪可以帮助我们减少浪费；从节省金钱的角度讲，零浪费烹饪可以帮助我们节省开销；从大处着眼，零浪费烹饪能为地球减负。何乐而不为！

妈妈，玉米须、香菜根可以煮水，南瓜子可以吃，西瓜皮、茄子皮都可以炒着吃，白菜帮都可以留着做馅儿吃饺子！

8 巧选保存方法，减少食物浪费

如果食物不能及时被烹调或者被食用，就要做好保存工作，防止食物变质。学会保存食物，对于减少食物浪费至关重要。

保存食物，并非只有放进冰箱。掌握多种保存方法，并根据不同食物、不同用途、不同保存时间选择适当的保存方法，不仅能够减少食物浪费，而且能让你吃得花样百出、健康美味。

低温保存

低温保存可以抑制微生物的生长繁殖，减缓食物的腐败速度。但这并不能完全杀死微生物，所以一定要注意控制温度。一般来说，温度越低，保存的时间越久，但低温保存并不能无限期保质。

高温灭菌

食物经过高温处理，可以杀灭大部分细菌和酶类。如果高温后真空、密闭、迅速冷却处理，可以有效延缓食物的腐败变质，延长保存时间。袋装牛奶、罐头等就运用了高温灭菌的方式。

脱水干燥

将食物中的水分含量降低到一定比例，微生物就不容易生长繁殖，酶的活性也会受到抑制，从而增加食物保存时间。粮食收回来要晾晒，还有干菜、干辣椒、果干等，都是经过脱水干燥制成的。我们吃的干豆角、薯片、葡萄干等，都是脱水干燥的食品。它们不仅保存时间长，而且口味也跟新鲜的不一样，十分劲道美味。

9 冰箱储存小窍门：锁住新鲜与营养，减少食物浪费

你家的冰箱，是否被新鲜诱人的蔬菜水果，令人垂涎欲滴的海鲜、肉、蛋塞得满满的？但一段时间过后，是否总有一些食物由于萎蔫或腐烂被拿出来扔掉？今天教你一些更好利用冰箱储存食物的小技巧，把食材的美味和营养锁定在食材上。

分门别类，贴好标签

使用透明的容器把食材分类装好，并贴上标签，记录容器里的食材名称、购买时间等内容。需要冷冻的食物，按一顿饭要食用的

分量分装，这样可以单独解冻，避免大块解冻和反复冷冻解冻。

适量存放食物，避免过载

冰箱的冷藏室和冷冻室需要空气循环，才能使制冷效果更好，所以不要装得太实太密，要在食物之间留出足够的空间，使冷空气能够在食物周围循环，以保证良好的冷藏和冷冻效果，这样食物才能不腐败变质、营养不流失。

热空气向上流动，这一点同样适用于冰箱空间

我们都知道，冬天供暖的时候，高处往往比低处更暖和，这是因为热空气比冷空气轻，从而使得热空气在上，冷空气在下。冰箱内也存在这样的现象，上层的温度比下层略高。根据这一特点，上层最好储存变质风险不高的食品，比如密封饮料、酸奶、蘸酱和酱汁等。而冰箱的下层，是较冷的地方，易变质腐烂的食物放在下面更安全。

温度设定在4℃或以下

食物中常见的细菌，一般生长较活跃的温度为4℃到60℃，所以将冰箱的温度设定为4℃或以下，才能起到抑菌作用，较好地保存食物。

易腐食物，请别放在冰箱门口

冰箱门是整个冰箱温度最高的区域，因为每次存取食物打开门时，都会有大量的空气涌入冰箱，导致这个区域的温度受外面温度的影响较大。因而这个区域不适合存放容易腐烂变质的食物，但对于调味品这类细菌不易滋生的食品，倒是一个较好的存放之地。

调节湿度

有的冰箱可以调节湿度。你可以将胡萝卜、芝麻菜、西兰花、菠菜、白菜等蔬菜放在湿度较高的抽屉里，因为大多数蔬菜总是特别容易枯萎；把梨、苹果、葡萄、蘑菇、辣椒等这些果实和菌类放在低湿抽屉里，因为这些食物容易分解腐烂。

10 三个适量原则——减少食物浪费不困难

减少食物浪费总结起来很简单：在超市适量购买食材，在家里厨房适量烹饪，在餐馆适量点餐。遵循三个适量原则，减少食物浪费不再是难题。

一是适量购买食材

去买菜之前，对家里的食物进行清点并列出购物清单。尝试增加去购物的次数，控制在超市或菜市场购物时的花费，避免购买过多的食材，减少食物浪费。

二是适量烹饪食物

烹煮食物时，在食物的选择方面，尽量做到食物多样搭配，营养均衡，小盘盛装；对用餐人数和每个人的食量有大致的判断和把握，别做太多，这样就可以避免劝就餐的人"再吃点，别剩下"，从而导致吃太多造成的浪费。

三是适量点餐或取餐

在外就餐时，按需点餐或取餐，切勿为了讲排场而点太多菜，或者吃自助餐为了"吃回本"或"占便宜"取太多食物。点餐要听取服务员的建议，吃自助餐取餐尽量少量，多次取，保证做到光盘。

11 光盘有奖

为了减少食物浪费，一些酒店和食堂会选用出菜率高的蔬菜烹饪，或为减少根茎类蔬菜中根的去除和浪费，利用边角废料开发出花样新奇、好吃又营养的菜品。有些餐馆推出了小份菜、重量菜和拼盘菜，满足了消费者不同的食量要求，以及食物多样的健康需求。同时，为了鼓励消费者养成"光盘"习惯，倡导"光盘养成计划"，如果消费者能达到一定数量的"光盘"，就有机会获得免费吃一顿或赠送一个菜品的奖励。也有些食堂推行"光盘换水果"的活动，即消费者用完餐只要"光盘"，就可以换到一份饭后水果。这些活动让消费者在减少浪费的同时，也获得了实实在在的奖励。

12 食物拯救神奇大法

有些食物并不仅有被扔到垃圾桶成为厨余这一条"出路"，它们还可以被"拯救"一下。

拯救失水蔬果

蔬菜很容易枯萎，特别是在放置不当的条件下。试试把枯萎的蔬菜浸泡在冰水中，只需5～10分钟，枯萎的蔬菜便会重新"振作"起来：叶子菜会变脆，弯曲的黄瓜会"挺直腰杆"，就连软塌塌的花椰菜也会再次找回它"青春的活力"。即使有些菜无法完全恢复如初，它们仍然可以被烹饪，在餐桌上散发出勾起你食欲的"光芒"。

拯救"泄气"糕点小吃

发皮的饼干、蔫了的薯条、"泄气"的面包，只需要放入微波炉中烘烤1至2分钟，饼干便会"重拾"它酥脆的口感，瘪面包马上"变身"新土司，耷拉"瘫软"的薯条也"支棱"了起来，焕发出诱人的色香味。

拯救放盐过量的食物

饭菜太咸了，也有办法处理。只需加点醋、柠檬汁，或者是糖便可以中和过咸的口味，或者用水、番茄碎丁来稀释咸度，也能达到降低咸味的目的。